BEI GRIN MACHT SICH IHR
WISSEN BEZAHLT

Bibliografische Information der Deutschen Nationalbibliothek:

Die Deutsche Bibliothek verzeichnet diese Publikation in der Deutschen National-
bibliografie; detaillierte bibliografische Daten sind im Internet über http://dnb.d-
nb.de/ abrufbar.

Impressum:

Copyright © 2018 GRIN Verlag
Druck und Bindung: Books on Demand GmbH, Norderstedt Germany
ISBN: 9783668744172

Erkan Erdemir

Bildung und Sittlichkeit

Nach Friedrich Schleiermacher, muslimischen Bildungsdenkern und im Lehrplan des islamischen Religionsunterrichts

GRIN Verlag

GRIN - Your knowledge has value

WS 2017/2018

M1b Bildungswissenschaft als Disziplin190081-1

Bildungswissenschaften im Spannungsfeld theoretischer, praktischer und gesellschaftlicher Verortungen

vorgelegt von: Erkan Erdemir MA

abgegeben am: 01.06.2018

Bildung und Sittlichkeit

Inhaltsverzeichnis

1. Einleitung

Im Seminar „Bildungswissenschaften im Spannungsfeld theoretischer, praktischer und gesellschaftlicher Verortung" an der Universität Wien wurden folgende zehn Fachtexte von verschiedenen BildungstheoretikerInnen intensiv durchgearbeitet:

1) Schleiermacher, Friedrich D. E. (1959): Was hat die Erziehung zu leisten, um Ansprüche auf Gültigkeit zu machen? Theorie der Erziehung: Die Grundfragen einer theoretischen Pädagogik.

2) Schleiermacher, Friedrich D. E. (1959): Die Grundfragen einer theoretischen Pädagogik. Theorie der Erziehung: Die Vorlesungen des Jahres 1826.

3) Fink, Eugen (1961): Der Doppelaspekt der Pädagogik als theoretischer und pragmatischer Wissenschaft

4) Meyer-Drawe, Käte (1984): Grenzen pädagogischen Verstehens. Zur Unlösbarkeit des Theorie- Praxis-Problems in der Pädagogik

5) Schäfer, Alfred (2009): Die produktive Unbestimmtheit der pädagogischen Praxis

6) Benner, Dietrich (2015): Allgemeine Pädagogik

7) Ricken, Norbert (2007): Das Ende der Bildung als Anfang. Anmerkungen zum Streit um Bildung

8) Ricken, Norbert (2010): Allgemeine Pädagogik

9) Bellmann, Johannes (2011): Jenseits von Reflexionstheorie und Sozial-technologie. Forschungsperspektiven Allgemeiner Erziehungswissenschaft

10) Masschelein, Jan; Ricken, Norbert (2002): Regulierung von Pluralität – Skizzen vom „Außen"

Die Zugänge der genannten BildungstheoretikerInnen zur Frage, was Bildung ist, sind zum Teil sehr unterschiedlich. Interessanter Weise gibt es einige Begrifflichkeiten bzw. Bildungsansätze zu denen mehrere von ihnen Abhandlungen geschrieben haben. Einer dieser Begrifflichkeiten ist die Sittlichkeit. Ziel dieser Seminararbeit ist es der Frage nachzugehen, welche Stellung die Sittlichkeit bei der Bildung für die BildungstheoretikerInnen haben. Von den behandelten Autoren hat insbesondere Friedrich Schleiermacher über diesen Aspekt etwas abgefasst. Seine Ansichten über Bildung und Sittlichkeit sollen ausgeführt werden. Weiteres bewegt es mich als islamischer Religionspädagoge herauszufinden, welche Ansichten auch einige muslimische Denker, die sich über Bildungsfragen Gedanken gemacht haben, zur Bildung und Sittlichkeit vertreten. Diese Ansichten sollen dann mit denen von

Schleiermacher verglichen werden. Am Schluss wird ein Blick in den Lehrplan des islamischen Religionsunterrichts in Österreich geworfen und die Stellen herausgearbeitet, in denen Sittlichkeit ein Thema darstellt.

2. Begrifflichkeiten

Da in der Seminararbeit verschiedene Begrifflichkeiten Verwendung finden, ist es angebracht diese zunächst aus einem philosophischen Wörterbuch heraus zu definieren, damit Klarheit herrscht, was unter den Begriffen **Sitte, Sittlichkeit, Ethik, Moral, Charakter** zu verstehen ist. Hierfür wird Friedrich Kirchner's „Wörterbuch der Philosophischen Grundbegriffe (1907)" herangezogen, welches sich in diesem Fall gut dafür eignet. Der Begriff Sitte wird wie folgt definiert:

„Sitte heißt 1. die zur Gewohnheit gewordene Art und Weise der Lebensführung von Gemeinschaften. Die Sitten eines Volkes hängen von seiner Naturumgebung, seiner Geschichte und seiner psychischen Eigenart ab. Jede Änderung darin deutet auf eine Umwandlung des Volkscharakters hin. 2. Sitte bedeutet ferner Gesittung, d.h. feine Lebensart von Gemeinschaften, also die Form eines zivilisierten Lebens. Die Gesittung hängt vom Handel und Verkehr, vom Reichtum und Luxus, auch von »zufälligen« Ereignissen und von der Mode ab. Doch zeigt sich die fortschreitende Gesittung in immer richtigeren Vorstellungen über Recht, Religion, Familienleben usf. 3. Sitte heißt endlich Sittlichkeit (s. d.). Die Sitte in der ersten Bedeutung ist ein Produkt der Natur, die feinen Sitten dagegen sind von der Konvenienz, die guten vom Sittengesetz abhängig. Bezüglich der Sitte ist der Mensch unfrei, die Gesittung ist zum Teil willkürlich, die Sittlichkeit beruht auf praktischer Willensfreiheit. Die Sitte ist herkömmlich, die Gesittung umfaßt das Schickliche, die Sittlichkeit die Moral. Alle drei können zusammentreffen; bisweilen ist eine Volkssitte auch von der feineren Lebensart beibehalten und keine Verletzung des Sittengesetzes; oft freilich steht sie zu beiden im Gegensatz. Ebenso sind feine Sitten noch lange nicht gute Sitten." (Kirchner, „Sitte")

Kirchner definiert Sittlichkeit mit:

„Sittlichkeit ist der höchste moralische Zustand einer Persönlichkeit, die Reinheit ihrer Gesinnung und ihres Handelns. Sie setzt voraus, daß der Mensch das Gute kennen und schätzen gelernt und sich zu der Übung desselben erzogen hat. Sie liegt in der Gesinnung des Menschen, kommt aber in jeder seiner Handlungen zum Ausdruck. Sie ist in vollkommener Weise nur da vorhanden, wo der Mensch allmählich seinen Willen erzogen, seinen Charakter ausgebildet, sich zum Pflichtbewußtsein gewöhnt und aus allen Erfahrungen des Lebens richtige Maximen gewonnen, diese untereinander verbunden gegen sie und unverbrüchliche Treue erworben hat. Für Kants Leben und Philosophie ist die Sittlichkeit der höchste Gesichtspunkt gewesen." (Kirchner, „Sittlichkeit")

Der nächste Begriff Ethik wird so definiert:

„Ethik (gr. ta êthika von to êthos = Sitte, Gesinnungsart) oder Moral (lat. pars philosophiae moralis) oder praktische Philosophie ist die Sittenlehre, d.h. die Wissenschaft vom Sittlich-Guten und -Bösen. Auf historischer, anthropologischer, psychologischer und metaphysischer Grundlage untersucht die Ethik das Wollen und Handeln des Menschen, und ihre Entwicklung hat, nachdem sie im Altertum durch Sokrates (469 bis 399) und Platon (427-347) geschaffen war, mit den übrigen Teilen der Philosophie, namentlich mit der Metaphysik, gleichen Schritt gehalten. Eine naturalistische (empiristische), alle Metaphysik von sich weisende, oder auf dem Boden des metaphysischen Realismus stehende Ethik läßt das Streben des Menschen ausschließlich durch seine natürlichen Bedürfnisse, Triebe und Anlagen bestimmt sein. Sie berechnet den Wert der einzelnen Handlungen nach dem Maße der Lust, der Lebensbetätigung, des Nutzens, den dieselben dem einzelnen oder der Gesellschaft bringen [...] Sie hat sowohl eine Güter- als auch eine Tugendlehre ausgebildet. - Demgegenüber hat sich eine idealistische (rationalistische) Ethik gebildet, welche die Antriebe des Handelns in der Vernunft und Gesinnung des Menschen sucht und diese als Pflichten den natürlichen Trieben und Bedürfnissen des Lebens entgegenstellt und imperativisch (als Pflichtenlehre) die Einschränkung der Natur durch die Vernunft verlangt. Sie ist entweder rein formalistisch, wo das Urteil über Gut und Böse nur von der Art, wie die Bestimmung des Willens erfolgt, abhängig gemacht wird (so bei Kant und Fichte), oder teleologisch, wo der Inhalt und Zweck der Handlung mit in Rechnung gezogen ist (so bei Sokrates, bei Platon, im Christentum, im nachkantischen Idealismus) [...] Auch Schleiermacher, der in der Ethik die Güter-, Pflichten - und Tugendlehre zu vereinigen sachte, strebte einen Ausgleich zwischen Natur- und Sittengesetz an [...]" (Kirchner, „Ethik")

Moral ist der nächste Begriff, den Kirchner wie folgt beschreibt:

„Moral (lat. mores = Sitten, davon abgeleitet moralis u. franz. morale) bezeichnet sowohl die Sittlichkeit als auch Sittenlehre. Vgl. Ethik. Ein Mensch ohne Moral ist s. a. ein unsittlicher Mensch; moralisch tot bedeutet s. a. ohne Ehre. Moralische Person ist dasselbe wie juristische Person, d.h. ein Begriffswesen, welches Rechte erwerben und ausüben kann. Moralische Wissenschaften bedeuten a. a. geistige Wissenschaften, die sich mit der Erforschung des geistigen Lebens beschäftigen; moralische Weltordnung ist nach J. G. Fichte der sittliche Zusammenhang der Welt; moralische Überzeugung ist die durch das Gewissen gebundene Überzeugung. Moralischer Beweis für Gottes Dasein ist der Beweis Kants." (Kirchner, „Moral")

Als letzten Begriff aus diesem Themenfeld definiert Kirchner „Charakter" folgendermaßen:

„Charakter (gr. charaktêr v. charassô prägen = Gepräge) heißt in anthropologischer Hinsicht die bleibende Willensart des Menschen. Im weiteren Sinne hat jeder Mensch einen Charakter, auch der Charakterlose, dessen Eigentümlichkeit es ist, unbeständig zu sein. Im engeren Sinne heißt Charakter soviel als Willensstärke. Charakter im engeren Sinne ist also das Wesen des Menschen, wie es sich auf Grund angeborener Individualität durch Gewöhnung und selbsterworbene Fertigkeit zu vernünftiger, zusammenhängender und fester Selbstbetätigung entwickelt. Der feste Charakter zeigt sich in der Entschiedenheit und Konsequenz des Handelns nach Grundsätzen. Diese Konsequenz kann Entschiedenheit im Guten oder Bösen sein. Einen guten Charakter besitzt nur der Mensch, der seinen Willen durch sittliche Grundsätze leiten läßt. Nur er bleibt von Zerrissenheit des Gemüts,

Zerfahrenheit des Begehrens und Unschlüssigkeit im Handeln verschont. Bei ihm vereinen sich Einsicht und Wille zur wahren sittlichen Freiheit [...]" (Kirchner, „Charakter")
Auch viele andere PhilosophInnen haben diese Begriffe in ähnlicher Weise definiert.

Nun betrachten wir zunächst die Meinungen des Bildungstheoretikers Schleiermacher, anschließend werden die Ansichten von einigem muslimischen Denkern in Bezug auf Bildung und Sittlichkeit aufgeführt.

3. Bildung und Sittlichkeit

3.1. Nach Friedrich Schleiermacher

Friedrich Ernst Daniel Schleiermacher, der im Jahre 1768 in Breslau auf die Welt kam, war sogleich ein evangelischer Theologe als auch ein sehr einflussreicher Pädagoge. Der Übersetzer der Werke Platons ins Deutsche hat auch die Hermeneutik begründet und hat bei der Gründung der Humboldt Universität Berlin mitgewirkt. Da er der Mystik nahe stand, wollte er Wunden des Herzens heilen. Deshalb verfasste er im Jahre 1802 in Stolpe „die Grundzüge einer Kritik der bisherigen Sittenehre", in welchen „die höchsten Grundsätze der Ethik, die Grundbegriffe der Pflichten, Tugenden und Güter und die einzelnen Systeme untersucht werden" (Schleiermacher 1868). 5 Jahre später ging er nach Berlin und trat dort als Prediger auf, wo er „durch religiös-sittliche Erneuerung des Volkes die politische Wiedergeburt des Vaterlandes vorzubereiten" versuchte (ebd.).

Im Gegensatz zum allgemeinen kategorischen Imperativ Kant's, stellt Schleiermacher die Individualität und „das Gefühl des Einzelnen gleichberechtigt gegenüber. Das höchste Gut ist die oberste Einheit des Realen und Idealen und damit das sittliche Ziel; die Pflichten geben hierzu die Regeln, die Tugenden die Kraft" (ebd). Schleiermacher redet von dem unbedingten Abhängigkeitsgefühl, welches das Gefühl der Achtung ist. Sie ist im

„grossen Gegensatz zu den Gefühlen der Lust und des Schmerzes in der menschlichen Seele bildet. Während diese letzteren Gefühle auf die Erhaltung und Erhebung des einzelnen Ich gehen und das Ich zum Mittelpunkt der Welt machen, geht umgekehrt in dem Gefühl der Achtung das Ich in die Unermesslichkeit eines ihm gegenüberstehenden Erhabenen auf und findet sich selbst wieder in dem Bewusstsein, einen Theil dieses Erhabenen zu bilden. Beide Arten der Gefühle sind wesentliche Zustände der menschlichen Seele; aber sie bilden Gegensätze gleich den Polen eines Magneten; daraus entsteht eine Bewegung und ein Kampf, der zum grossen Teil den Inhalt des innersten menschlichen Lebens bildet." (ebd.).

Für Schleiermacher entspricht dieses Abhängigkeitsgefühl, welches den Gläubigen erfüllt, das Zentrum der religiösen Frömmigkeit, denn diese beruhen auf sittliche und religiöse Gefühle. „Dieses Gefühl ist es, was jeder Religion ihren Halt gibt; durch dieses Gefühl steht sie zugleich mit der Moral in innigster Verbindung, da die Wirksamkeit der sittlichen Gebote, auf demselben Gefühl beruht und durch dieses Gefühl ist der Inhalt des Glaubens, gegen die Angriffe der Wissenschaft in einer Weise gesichert, welche der letzteren oft unbegreiflich erscheint." (ebd.).

Bei seiner Vorlesung „Theorie der Erziehung", die er im Jahre 1826 vortrug, wirft er Grundfragen einer theoretischen Pädagogik auf. Die Fragen lauten: „Wie soll die Einwirkung der älteren Generation auf die jüngere beschaffen sein" und „Was soll durch die Erziehung bewirkt werden" (Schleiermacher 1959, S. 43). Er schlägt als Antwort auf die Frage, was soll die Einwirkung hervorbringen, die „Sittlichkeit der späteren Generation" vor, doch was Sittlichkeit sei, herrsche keine Einigung (vgl. ebd. S. 44). Da die Erziehung einen Anfangspunkt und Endpunkt nach ihm besitzt, fragt er weiter, wann die pädagogische Einwirkung der älteren Generation auf die jüngere aufhört. Sie hört niemals auf bzw. sie hört mit dem Tod auf.

„Nach einer anderen Ansicht dauert die Einwirkung zwar fort, aber es gibt einen Punkt, von wo aus man soll sagen können, die Einwirkung sei keine bildende mehr, und wo es dem Menschen gleich sein muß, wie auf ihn gewirkt werde, da die innere geistige Kraft ihm stets das richtige an die Hand geben soll und er vollkommen gerüstet sein muß zur Gegenwirkung von innen heraus. Dies ist dann immer ein Teil des sittlichen Lebens für einen jeden, und es gibt dafür sittliche Regeln; aber diese gehören nicht in unsere Theorie hinein, da sie sich nicht mehr auf die Entwicklung der geistigen Kraft, auf das Bilden, welches doch der eigentliche Charakter der pädagogischen Einwirkung ist, beziehen." (ebd. S. 45).

Für ihn als Pädagogen gehören sittliche Regeln nicht in die Theorie hinein, weil diese nicht auf die Entwicklung der geistigen Kraft Auswirkungen haben. Nach ihm hat die eigentliche erziehende Einwirkung ein früheres Ende als die sittliche Einwirkung überhaupt. Die erziehende Einwirkung hört auf, wenn der „Mensch mündig wird, dann hört die pädagogische Einwirkung auf; d.h. wenn die jüngere Generation auf selbständige Weise zur Erfüllung der sittlichen Aufgabe mitwirkend der älteren Generation gleichsteht; es gibt dann bloß ein Zusammenwirken beider. (vgl. ebd. S. 45f).

Pädagogik beruht für ihn, auf „der Einsicht vom Sittlichen, wie diese in einem bestimmten Gesamtleben, für welches die Pädagogik gegeben wird, im Einzelnen und Großen gerade ist" (ebd. S. 60). Die Erziehung ist gut und sittlich, „wenn sie dem sittlichen Standpunkt der Gesellschaft entspricht: Hier ist somit wieder eine

Beschränkung für die Allgemeingültigkeit unserer Theorie gegeben. Sie kann nur für das Gebiet einer bestimmten sittlichen Einheit aufgestellt werden, und wird nach dieser sich modifizieren; je vollkommener die sittliche Einsicht wird, je mehr der Idee des Guten entsprechend: desto vollkommener wird auch die Theorie der Erziehung" (ebd.)

Da sehr oft Spannungen und Wiedersprüche zwischen den Lebensgemeinschaften Staat und Kirche vorkommen und diese nicht durch eine einheitliche wissenschaftliche Ethik zu lösen sind, entstehen unvollkommene Zustände für beide Seiten. Die Gefahr ist, dass bald gesagt wird,

„der Staat ist das wahrhaft Organische, der Inbegriff aller sittlichen Anstalten; bald, der Staat ist ein notwendiges Übel. Allein mögen die Ansichten noch so verschieden sein, die Systeme der Sittenlehre noch so weit auseinandergehen: wir halten uns an unser innerstes Bewußtsein von der Wahrheit der menschlichen Natur. Gesetzt auch die wissenschaftliche Ethik wäre noch nicht bis zu dem Punkte gelangt, daß sie uns eine klare und gewisse Auskunft über die verschiedenen sittlichen Lebensgebiete und deren gegenseitiges Verhältnis gehen könnte: so ist doch das Bestreben, diese sittlichen Verhältnisse wissenschaftlich zu gestalten, eine Gewährleistung für die Wahrheit und die Notwendigkeit der Aufgabe" (ebd. S. 63).

Das Ziel war für ihn, die sittlichen Verhältnisse wissenschaftlich zu gestalten. Was der Staat nicht leisten kann muss der Glaube ersetzen, mit dem Bestreben, eine sittliche Gemeinschaft zu Gestalten gemäß der Idee des Guten.

„In dem Grade als die Gegenwirkung infolge eines vollkommenen Zustandes der Gemeinschaft zurücktritt, nimmt die Erziehung die Form der Unterstützung an. Aber noch mehr. Je größer die Vollkommenheit des Gesamtzustandes ist, desto weniger ist erforderlich, daß die Unterstützung absichtlich und methodisch sei, weil, wo die großen Lebensgemeinschaften vollkommen sittlich gestaltet sind, eine Harmonie sein muß zwischen ihnen, also zwischen Staat Kirche, dem geselligen Leben und dem Gebiete des Wissens. Alles ist eine Sitte geworden. Angenommen, dieser Zustand würde anhalten: so würde die Einwirkung auf die jüngere Generation nichts anderes sein als ein Ausfluß der Sitte, die ohne besondere Theorie und Methode bestehen kann; die Einwirkung wäre der der Idee der Sittlichkeit gemäße Umgang der älteren Generation mit der jüngeren." (ebd. S.95)

Zusammenfasend kann gesagt werden: Schleiermacher sieht das Ziel bei der menschlichen Bildung in der Vervollkommnung der Erziehung, welches sittlich gestaltet werden soll (vgl. ebd. S. 66).

3.2. Nach muslimischen Bildungsdenkern

Sitte oder Sittlichkeit wird im Arabischen häufig mit dem Wort „*Aḫlāq*" wiedergeben. *Aḫlāq* ist der Plural von *ḫulq* und bedeutet im Allgemeinen „Schöpfung". *Ḫulq* und *ḫalq* verkörpern gemeinsam ein Ganzes und beide betreffen die Erschaffung des Menschen. *Ḫulq* wird für das Innere bzw. Psyche des Menschen und *ḫalq* für das Äußere bzw. Physiologie des Menschen benutzt (vgl. Kaymakcan & Meydan, S. 15). *Aḫlāq* lässt sich in drei verschiedenen Definitionsgruppen unterteilen. Die erste Gruppe bringt ihn sowohl mit den Handlungen und Lebensweise des Menschen als auch mit seinen innerlichen Charaktereigenschaften oder Benehmen in Verbindung. Die zweite Gruppe sieht bei *Aḫlāq* vielmehr eine äußere Einwirkung, die ihn so formt, dass der Mensch seine Handlungen gemäß den Werten und Normen der Gesellschaft richtet. Die letztere Gruppe sieht in *Aḫlāq* eine Wissenschaftsdisziplin, die sowohl mit den Charaktereigenschaften des Menschen als auch mit den Gesellschaftswerten und Normen sich theoretisch- wissenschaftlich auseinandersetzt und vieles zu verstehen versucht (vgl. ebd. S. 16).

Die ersten muslimischen Philosophen, die sich mit dem Begriff *Aḫlāq* beschäftigten, verstanden mehrheitlich darunter Charakter und Benehmen. So dachte auch Ibn Miskawayh (geb. 940 n. Chr.), der im 10 Jahrhundert das Werk „Nikomachische Ethik" von Aristoteles studierte und der erste war, der die islamische Ethik-Philosophie aufbaute. Er selbst verfasste Werke über griechische Philosophie, Anthropologie, Religion-Ethik Beziehung, Kindererziehung und Ethik als höchstes Ziel. In seinem Werk „*Tahḏīb al-'aḫlāq*" (Erziehung des „*Aḫlāq*" (Charakters)) werden Tugenden aufgezeigt, die mit der Vernunft gemeinsam die Verführungen des eigenen *Nafs* (Seele) überwältigen sollen. Die Seele soll durch Aneignung und dauerhafte Verwendung der Tugenden gezähmt werden. Diese Methode ist seither ein fester Bestandteil in der islamischen Mystik (Sufismus). Der Verfasser gibt im Vorwort den Grund für das Schreiben seines Werkes an. Sein Wunschziel ist es, dass alle Handlungen nicht nur gut ausgerichtet sein sollen, sondern dass durch den richtigen Charakter diese Tugenden sehr leicht und einfach aufgenommen werden sollen. Bei der Kindererziehung besitzt Ibn Miskawayh für die damalige Zeit ungewöhnlich interessante Ansätze. Für ihn ist das erste in Erscheinung tretende Gefühl beim Kind „*hayā*" (Schamgefühl), die Angst, dass etwas Falsches von ihm gesehen wird. Das Vorhandensein dieser Tugend ist ein Zeichen von Vernunft. So kann es leicht erzogen werden. Tugendhafte Menschen sollen neben dem Kind gelobt und es soll nach Vollbringung guter Taten neben anderen gelobt werden. Dem Kind soll bewusstgemacht werden, dass schlechte Taten getadelt werden, aber tadeln darf man es auf keinem Fall neben anderen, sonst könnte es unverschämt werden. Das Kind soll sich nicht an nichtnotwendige Gelüste gewöhnen. Zuerst sollen dem Kind die Essensregeln beigebracht werden, es soll verstehen, dass man aus gesundheitlichen Gründen Essen zu sich nimmt und nicht isst um der Lustwillen. Fern von Alkohol-Versammlungsorten soll das Kind gehalten werden. Seine Kleider sollen nicht im Vergleich zu seinen FreundInnen voll ausgeschmückt sein, damit die anderen Kinder nicht neidisch werden. Dem Kind soll das Zuhören der Eltern und der LehrerInnen ans Herz gelegt werden (vgl. ebd. S. 50-53). Wie aus diesen genannten Beispielen zu erkennen ist, beinhaltet das Werk von Ibn Miskawayh sehr viele Berührungspunkte, wie man Sitte und Sittlichkeit vermitteln soll.

Ihm folgt der Gelehrte al-Ġazzālī (geb. 1058 n. Chr.), einer der zweifelslos wichtigsten Denker in der islamischen Geschichte. Zunächst schrieb er ein Fachbuch über die Philosophie, anschließend verfasste er aus den islamischen Quellen heraus eine Wiederlegung der Philosophie. Er ist der Vorzeigegelehrte der Sufistischen-Schulen. Sein Werk „*Iḥyā' 'ulūm ad-dīn*" (Die Wiederbelebung der religiösen Wissenschaften) ist Hauptwerk für viele Sufis, in dem er einen Weg vorschreibt, wie tugendhaft ein Leben ohne Ḥab und Ġut, nur mit Gottesliebe und Demut geführt werden kann. Al-Ġazzālī bezweckt mit diesem Werk vielerlei. Zunächst soll das Herz gereinigt werden, die Handlungen sollen ohne Augendienerei und Formalismus betätigt werden, Unkenntnis, Aberglaube und Gleichgültigkeit soll vermindert werden. Seine Ausführungen unterstrich er mit ausgewählten Koranpassagen, Hadithen (Aussprüche vom Propheten Muhammad) und Erzählungen. Sein Ziel ist die Vervollkommnung der Seele durch eine theoretisch-praktische und pädagogische Aufarbeitung der Ethik-Themen, durch Unterteilung in Tugenden und unerwünschte, schlechte Charaktereigenschaften angefangen im Kleinkindesalter. Die höchste Glückseligkeit ist für ihn ein tugendhaftes Leben, welches den Menschen dem Schöpfer näherbringt. Nur gute Taten und Tugendhaftigkeit, können zur Nähe Gottes verhelfen. Das wahre Leben ist das jenseitige Leben, wahre Freude ist das Leben im Paradies in der Gegenwart des Allgütigen Schöpfers. Sein zweites Werk „*Ayyuhā al-walad*" (O Sohn) ist unter der muslimischen Community eine sehr beliebte pädagogische Abhandlung mit Vorgaben an Erwachsene zur Erziehung der Kinder, in Bereichen des Gottesdienstes, Normen und Werten, Sprache und Dichtung. Al-Ġazzālī unterstreicht nicht nur die Wichtigkeit der Erziehung bei der Entwicklung des Aḫlāq sondern fordert ein religiöses Leben um tugendhaft zu sein. Er legt großen Wert auf Reinigung des Herzens (tazkiyah), die Vervollkommnung der Seele und harmonische Gesellschaftsethik. Um die Seele sauber zu halten ist das Gleichgewicht zwischen Theorie (Wissenschaft) und Praxis notwendig. Die sufistische Ethik erfordert sowohl eine rundum gottergebene Lebensweise als auch einen Dschihad (Anstrengung) mit dem eigenen Ego (vgl. ebd. S. 53-57).

Als dritter in dieser Reihe begegnet uns der muslimische Philosoph Naṣīr al-Dīn Ṭūsī (geb. 1201 n. Chr.). Wie al-Ġazzālī wurde auch er von den Arbeiten Ibn Miskawayhs sehr beeinflusst. Neben Werken über Mathematik, Astronomie, Medizin, Philosophie und Psychologie verfasste der aus Khorasan stammende Wissenschaftler Ṭūsī auch ein Werk in persischer Sprache über die Ethik, „Aḫlāq an-Nāṣrī" (Moral des Nāsirī), welches Jahrhunderte lang verschiedenste Philosophen beeinflusste. In der Schrift findet man eine Übersicht über ethisch-moralische und philosophische Gesichtspunkte der islamischen Zivilisation zu der damaligen Zeit. Das Werk ist in drei Überschriften unterteilt: I) Erziehung von Ethik und zwei Unterpunkte Prinzipien (Grundsatzprinzipien, human-rationale Seele und ihre Teilgebiete, der Mensch als wichtigstes Wesen, die Vervollkommnung der Seele und worin ihre Vervollkommnung liegt) und Grenzen (Limit, Natur und Veränderung von Anordnungen, Korrektur von Anordnungen – die wichtigste Disziplin, Klassen der Tugend und Exzellenz von Anordnungen, Arten in diesen Klassen, Gerechtigkeit, Aufrechterhaltung einer gesunden Seele und Heilung von Krankheiten); II) Wirtschaftlichkeit und Haushaltsführung, Regulierung von Eigentum und Märkten, Eltern-Kinder- bzw. Familienbeziehungen; III) Staatsführung und Politik: Notwendigkeit von Zivilisation, die Natur von Politik, über Liebe (Gesellschaftsbeziehung), Unterteilung von Zivilisationen und Zustände in den Städten, Stellung der Adeligen, Freundschaft und Freunde, Zwischenmenschliches Verhalten (vgl. Wickens). Die Schrift ist insofern wissenschaftlich aufgesetzt, da der Verfasser sehr oft Bezug nimmt auf die Werke von Ibn Miskawayh, Ibn Sīnā (Avicenna, geb. 980 n. Chr.) und al-Fārābī (geb. 872 n. Chr.). Für den Philosophen Naṣīr al-Dīn Ṭūsī ist bei den Ethik-Wissenschaften insbesondere die Reinhaltung der Seele durch Befreundung mit tugendhaften Personen wichtig. Denn nichts beeinflusst den Menschen so stark wie eine enge Beziehung zu einem Freund bzw.

zu einer Freundin. Was der Seele am meisten schadet ist Tugend- und Wertelosigkeit, die durch Unwissenheit bzw. vermehrte Unwissenheit (nicht zu erkennen, dass man nicht weiß), Wut, Furcht bzw. Feigheit, Angst vor Tod, Nachgeben von Gelüsten, Faulheit hervorgerufen wird. Daher hat er bei der Erziehung der Gesellschaft insbesondere bei Kindern und Jugendlichen die Stärkung der Tugenden hervorgehoben und versucht aufzuzeigen, dass alles was der Seele Schaden mitbringt vehement zu beseitigen ist, damit die Seele rein bleibt (vgl. Kaymakcan & Meydan, S. 57-60).

Zuletzt in dieser Reihe wollen wir uns den Ansichten des türkischen Denkers Kınalızâde Ali Efendi widmen. Er wurde in meiner Geburtsstadt Isparta im Jahre 1572 geboren. Nach seiner ersten Grundbildung in Isparta ging er nach Istanbul um in der Madrasa „Sahn-ı Seman" (Universität im heutigen Sinne) zu studieren. Nach seinem Studium wurde er zum Dozenten berufen und unterrichtete 20 Jahre lang in Städten wie Istanbul, Edirne, Bursa und Kütahya. Nach dem Ibn Miskawayh die Grundsteine der Islamischen Ethikphilosophie auf Arabisch setzte, Naṣīr al-Dīn Ṭūsī diese in Persisch weiter ausbaute, vertiefte Kınalızâde diese Philosophie in seinem türkisch verfassten Werk „Ahlâk-ı Alaî" (die große Aḫlāq (Ethik)). Die Bekanntheit dieses Werkes beruht daher, dass er die ethischen Ausführungen vieler klassischen Ethik-Wissenschaftler wie Aristoteles, Ibn Miskawayh, al-Ġazzālī und Naṣīr al-Dīn Ṭūsī in seinem Werk Platz einräumte und in seine Moralphilosophie hineinfließen ließ. Eingeleitet wird seine Arbeit mit der Beschreibung der Seele und Beschaffenheit eines Neugeborenen. In seinem Ethik-Teil beschreibt er wiederum die Ethik-Wissenschaften. Themen sind Reinigung der Seele, Tugenden und schlechte Charaktereigenschaften. Dabei verweist er auf die klassischen Werke der früheren Ethikwissenschaftler und gibt die vier Haupttugenden, die für sie Geltung hatten, wieder: Weisheit, Mut, Ehre und Gerechtigkeit. Zur Tugendhaftigkeit gelangt man durch den Mittelweg. Schlechten Charakter erhält man hingegen, wenn man vom dem Mittelweg abweicht durch Über- oder Untertreibung. Unterdrückung des Menschen ist eine Ungerechtigkeit, daher darf der Mensch nicht unterdrücken oder unterdrückt werden. Einige Krankheiten der Seele, welche den Menschen zur Verderbnis führen können sind unnötige Angst und Furcht, Übertreibung beim Essen oder Nachgehen von Gelüsten, traurig sein bei Unerreichbarkeit von unmöglichen Wünschen, Neid, nutzlose Beschäftigung, Verderben, üble Nachrede, nicht Einhaltung von Versprechungen (von Verträgen) und Augendienerei. Obwohl die

Polygamie zu dieser Zeit überall praktiziert wurde, sprach sich Kınalızâde bei der Ehe für eine Monogamie aus. Die Kinder sollten unbedingt eine religiös-ethische Erziehung genießen, auch die Töchter sollten unterrichtet und alphabetisiert werden, denn das Erwerben von Wissen ist im Islam sowohl für Männer als auch für Frauen eine Verpflichtung (vgl. ebd. S. 60-62).

Eine Gemeinsamkeit aller aufgeführten Werke ist die Behandlung des Themas „Tahḏīb al-'aḫlāq" (Erziehung des Charakters). Es ist offensichtlich, dass für die muslimischen Philosophen das Hauptaugenmerk auf Erziehung bzw. Bildung der Menschen und deren Sittlichkeit ist. Erziehung zur Sitte und Sittlichkeit, Erziehung des Charakters, Reinigung der Seele, sind Aufgabengebiete muslimischer ErzieherInnen, schon ab dem Kleinkindesalter, welche von Bildungsphilosophen aufgestellt wurden. Demzufolge gelten diese klassischen Abhandlungen heute noch als Standartwerke für muslimische Pädagogen und Pädagoginnen.

Nicht wenig widmet sich daher der Lehrplan des islamischen Religionsunterrichtes dem Thema Sittlichkeit, welches nun näher in Augenschein genommen wird.

3.3. Sittlichkeit im Lehrplan des islamischen Religionsunterrichts

Der Lehrplan des islamischen Religionsunterrichts wurde im Jahre 2011 von der Islamischen Glaubensgemeinschaft in Österreich (IGGÖ) für alle Schularten und Schulstufen novelliert. Zum allgemeinen Bildungsziel des islamischen Religionsunterrichts wird folgendes angeführt:

„Der Religionsunterricht als eigener Unterrichtsgegenstand betrachtet es als seine vornehmste Aufgabe, an der Entwicklung der Jugend nach sittlichen, religiösen und sozialen Werten sowie nach den Werten des Wahren, Guten und Schönen durch einen, ihrer Entwicklungsstufe entsprechenden, Unterricht – entsprechend dem §2 (1) des Schulorganisationsgesetzes i.V.m. Art. 14 (2) 5 B-VG – mitzuwirken. Die konfessionelle Prägung des Religionsunterrichtes führt zu einer klaren Orientierung der Schülerinnen und Schüler und befähigt sie dazu, einen eigenen Standpunkt einzunehmen und gleichzeitig den Standpunkt von Mitschülerinnen und Mitschülern anderer Religionszugehörigkeit oder Weltanschauung zu respektieren und zu akzeptieren. In der Auseinandersetzung mit der eigenen Herkunft und der Zugehörigkeit zur Islamischen Glaubensgemeinschaft in Österreich soll ein Beitrag zur Bildung von Identität geleistet werden, der eine verantwortungsbewusste, unvoreingenommene, von Toleranz geprägte und selbstbestimmte Lebensführung in einer pluralistischen Gesellschaft ermöglicht." (IGGÖ, S. 27)

Wie aus diesem Bildungsziel hervorgeht, liegt das Hauptaugenmerk des islamischen Religionsunterrichts (IRU) darauf, dass bei der Entwicklung von sittlichen, religiösen und sozialen Werten von jungen Muslimen und Musliminnen mitzuwirken ist. Der IRU unterstützt grundlegend alle Aufgabenbereiche der Schule, weil sie ethisch-moralisch begründet sind. „Durch Wissensvermittlung im Bereich der islamischen Religion und der Betonung der österreichisch-islamischen Identität erfolgt ein Beitrag zur ethisch-moralischen Werte-Erziehung junger Menschen, welcher diese befähigt, Verantwortung für die Gesellschaft zu übernehmen und eigenverantwortlich und in Respekt anderen gegenüber zu handeln." (IGGÖ, S. 27).

In dieser Untersuchung soll lediglich der Lehrplan für die Volksschule und der Lehrplan für Allgemeinbildende Höhere Schulen (Gymnasien) näher betrachtet werden, da ansonsten die Arbeit den Rahmen sprengen würde.

Im Lehrplan der Volksschule kommt in jeder Jahrgangsstufe das Thema Sittlichkeit bzw. Moralität unter dem Schwerpunktnamen „Adaab-Akhlaq" vor.

Dies beginnt gleich in der 1. Schulstufe im Themenkreis „1.5 Ich bin ehrlich – und liebe die Wahrheit". Hierbei dürfen die SchülerInnen „die ethisch-moralischen Werte des Islam mit ihren Begründungen kennenlernen und über die Umsetzung im eigenen Alltag nachdenken. Eine Reflektion über eigene Verhaltensweisen soll in diesem Kontext selbstverständlich stattfinden, besonders wenn schülerzentrierte Methoden zur Vermittlung dieser Inhalte umgesetzt werden" (IGGÖ, S. 37). Weiter geht es im Themenkreis „1.8 Ich achte darauf, was und wie ich esse" mit den Tischmanieren. Die Schüler und Schülerinnen sollen „sowohl die islamischen Tischsitten kennenlernen (Essen mit der rechten Hand, Essen in Gemeinschaft, Gebet am Anfang und am Ende etc.) als auch zu einem gesunden Umgang mit Essen und Trinken (Sinn und Auswahl des Essens, Reinheitsgebote, Menge etc.) angeregt werden" (IGGÖ, S. 39).

In der zweiten Schulstufe widmet sich der ganze Kapitel 2.5 „Adaab-Akhlaq" dem Thema ethisch-moralische Werteerziehung der SchülerInnen. In Auseinandersetzung mit den Grundlagen des Islams sollen „die Schülerinnen und Schüler dazu befähigt werden, diese Werte im Kontext ihres Alltages zu überdenken und ihre Umsetzung zu reflektieren. Insgesamt sollen die Schülerinnen und Schüler ihre Sozialkompetenzen erweitern und vertiefen" (IGGÖ, S. 44). Folgende Themenkreise sind hierbei vorgesehen: 2.5.1 Ich respektiere die Meinung des Anderen, 2.5.2 Ich lasse dich aussprechen – so wie auch ich aussprechen möchte, 2.5.3 Ich denke, bevor ich handle, 2.5.4 Ich kann auch „Nein!" sagen (IGGÖ, S. 44)

Auch in der 3. Schulstufe sieht das ganze Kapitel 3.5 „Adaab-Akhlaq" ethisch-moralische Erziehungsvermittlung vor. Es werden eine Reihe von Themen vorgegeben: 3.5.1 Sauberkeit (des Ortes, der Kleidung etc.), 3.5.2 Ordnungsliebe, 3.5.3 Körperpflege, 3.5.4 Großzügigkeit, 3.5.5 Geduld, 3.5.6 Zufriedenheit, 3.5.8 Ich werde geliebt (IGGÖ, S. 51).

In der letzten Stufe der Volksschule finden wir die ethischen Themen unter der Überschrift „4.4 Achlaaq". Dabei sollen die SchülerInnen sich „wieder mit ethisch-moralischen Werten des Islams auseinandersetzen und ihre Umsetzung im Alltag reflektieren" (IGGÖ, S. 56). Themenschwerpunkte sind diesmal: 4.4.1 Ich mische mich nicht in fremde Angelegenheiten ein, 4.4.2 Ich denke nicht nur an mich (Selbstlosigkeit), 4.4.3 Ich wünsche den anderen das gleiche wie mir, 4.4.4 Ich traue mir etwas zu!, 4.4.5 Ich habe einen schönen Charakter/ein reines Herz (IGGÖ, S. 57).

Der Lehrplan für die Allgemeinbildenden Höheren Schulen (AHS) ist auf acht Schulstufen aufgeteilt,

„welche jeweils ein thematisch bedeutsames, altersgemäß angepasstes und theologisch gewichtiges Schwerpunktthema behandeln. Diese Schwerpunktthemen ziehen sich jeweils durch das gesamte Schuljahr und sollen immer wieder in den unterschiedlichen Themenkreisen methodisch angemessen und abwechslungsreich erläutert und erarbeitet sowie auch kontrovers diskutiert und problematisiert werden. Ziel ist es, wesentliche, die Lebenswelt der Schülerinnen und Schüler betreffende Inhalte ganzheitlich und aus unterschiedlichen Perspektiven zu betrachten und auf diese Weise einen effektiven Beitrag zur Werteerziehung im Islamischen Religionsunterricht zu leisten. Im Zuge des Islamischen Religionsunterrichtes sollen die Schülerinnen und Schüler dazu befähigt werden, auf der Grundlage der erarbeiteten Inhalte eigenständige und begründete Entscheidungen für ihr Leben und ihren Alltag zu treffen" (IGGÖ, S. 142).

Im AHS-Lehrplan gibt es sieben schuljahresbezogene Themenkreise, welche von den LehrerInnen in unterschiedlicher Intensität behandelt werden sollen. Im Themenkreis 'Miteinander leben' „geht es um die ethisch-moralischen Wertvorstellungen des Islam und ihre Umsetzung in unterschiedlichen Bereichen. Angefangen bei der Selbsterziehung und der Erarbeitung konkreter Werte, die im eigenen Leben umgesetzt werden können, werden darauf aufbauend Werte, welche den gesellschaftlichen Umgang regeln sowie der Dialog mit Menschen anderer Überzeugungen angesprochen" (IGGÖ, S. 143).

Das Motto in der 5. Schulstufe ist „In Freundschaft Leben". Dieses Motto soll im IRU aus der religiösen, ethisch-moralischen Perspektive behandelt werden.

Im Themenpool 1.3 Miteinander leben (Adab und Akhlaq – Sitten- und Morallehre) für die fünfte Jahrgangsstufe werden im Themenkreis 1.3.1 Ich entwickle mich „verschiedene Dimensionen des Miteinander-Lebens betrachtet. Zunächst einmal sollen sich die Schülerinnen und Schüler mit konkreten, für ihre Altersgruppe wesentlichen Charaktereigenschaften (und deren Gegensätzen) auseinandersetzen, diese in Bezug zu ihrer eigenen Lebenswelt setzen und diskutieren, ob und inwiefern diese Eigenschaften für sie einen Wert haben. Dabei sollen auch selbstkritische Blicke gefördert und erarbeitet werden, wie die eigene Persönlichkeitsentwicklung aktiv selbst gestaltet werden kann" (IGGÖ, S. 146). Dabei sollen folgende Überschriften behandelt werden: 1.3.1.1 Geschwis-terlichkeit im Gegensatz zu: nicht nachtragend sein, 1.3.1.2 Liebe im Gegensatz zu: Hass und Neid, 1.3.1.3 Freundschaft (ebd.). Beim Themenkreis 1.3.2 Meine Umgebung und Ich geht „es um die Charaktereigenschaften des Menschen gegenüber seiner nahen Umgebung: sowohl was andere Menschen angeht als auch den Ort, in dem er lebt. Die Schülerinnen und Schüler sollen befähigt werden, sich für eine Beziehung zu anderen Menschen verantwortlich zu fühlen und sich aktiv für ein solidarisches und friedliches Miteinander einzusetzen. In diesem Schuljahr sollen die Schülerinnen und Schüler erfahren, welche Rechte kranke Menschen ihnen gegenüber haben und wie wichtig es ist, Ratschlag zu geben und anzunehmen" (IGGÖ, S. 146). Im nächsten Themenkreis 1.3.3 Ich und Menschen mit anderen Überzeugungen sollen die SchülerInnen befähigt werden, „sich mit den Überzeugungen anderer Menschen auseinanderzusetzen und ihre Wertvorstellungen und religiösen Vorstellungen kennen und schätzen zu lernen" (ebd.).

In der 8. Jahrgangsstufe sollen die SchülerInnen beim Themenkreis 4.5.1 Muslimsein im österreichischen Berufsleben „auch die ethisch-moralischen Vorschriften kennenlernen, welche den Lebenserwerb betreffen, etwa das absolute Verbot des Betruges, oder das Verbot des Handelns mit verbotenen Gütern etc" (IGGÖ, S. 167). Das Motto in der 10. Schulstufe ist „Verantwortung Übernehmen".

„Aufbauend auf der Bewusstmachung der religiösen Reife und Mündigkeit soll in diesem Jahr die damit verbundene Verantwortlichkeit des Menschen im Mittelpunkt stehen. Verantwortung übernehmen zu können bedeutet im Kontext des islamischen Religionsunterrichtes, sich das Ziel menschlichen Strebens zu vergegenwärtigen, das Wohlgefallen Allahs zu erreichen und damit den eigenen Tod und das Danach nicht auszublenden. Ethisch richtiges Handeln und gute Werke zu tun ist verbunden mit der Bereitschaft, sich selbst in den Absichten zu hinterfragen und zu prüfen und um die eigene Willensfreiheit zu wissen, damit negative Entwicklungen nicht bequem mit dem Vorwand des „Schicksals" aus der eigenen Verantwortung geschoben werden können. Schülerinnen und Schüler sollen zu ihrer eigenen Meinung stehen können – diese jedoch auch begründen" (IGGÖ, S. 176).

Treue, Vorbildlichkeit und Gerechtigkeit sind Themen, die in diesem Jahr behandelt werden sollen.

In der 12. Jahrgangsstufe, wird im Themenkreis 8.7 die Prinzipien der Wirtschaftsethik im Islam durchgenommen. Bei diesen Prinzipien geht es mehrheitlich um religiöse Gebote wie, Zinsverbot, Gebot der maßvollen Verschuldung, „Verkaufe nie das, was du nicht besitzt", Verbot des Betrugs jeder Art, Gebot der Nachhaltigkeit, Verbot von Glücksspiel jeder Art, Wetten etc. (IGGÖ, S. 196).

Neben diesen Themenbereichen im AHS-Bereich gibt es im Lehrplan der Berufsbildenden Mittleren Höheren Schulen (BMHS) noch ein sehr interessanter Block über die Bioethik. Im Themenkreis 3.3.3.3 Bioethik im Islam sollen die SchülerInnen „die ethische Haltung des Islam zu Fragen wie Sterbehilfe oder Abtreibung kennenlernen. Sie sollen wissen, dass Selbstmord im Islam streng verboten ist, weil das Leben als von Gott gegeben obersten Schutz genießt und nicht „weggeworfen" werden darf. In Bezug auf Abtreibung sollen sie die differenzierte Position im Islam erörtern und die Begründungen der Gelehrtenmeinungen verstehen. Auch die moderne Frage nach Gentechnik und deren Anwendung soll aus islamischer Perspektive behandelt werden" (IGGÖ, S. 123).

Nach diesen Ausführungen stellen wir fest, dass das Thema Sittlichkeit und Moralität, wie im Bildungsziel im Lehrplan des islamischen Religionsunterrichts angegeben ist, einen wichtigen Stellenwert im Unterricht hat. Die LehrerInnen sollen diese Ethik-Themen altersgerecht und spezifisch zum Unterrichtsgegenstand mit den SchülerInnen behandeln und sie befähigen, diesen Werten in ihren Leben Platz einzuräumen.

4. Fazit

Bildung und Sittlichkeit spielte für viele Bildungstheoretiker bzw. -philosophen im deutschsprachigen Raum eine wichtige und wesentliche Rolle in ihren Ausarbeitungen. Neben Schleiermacher haben Humboldt, Kant, Herbart, Goethe und viele andere in ihren Schriften der Sittlichkeit Platz eingeräumt und sprachen ihr bei der Bildung der Gesellschaft einen hohen Stellenwert zu. Dabei kann man davon ausgehen, dass der christlich-humanistische Hintergrund der Verfasser einen nicht geringen Beitrag in ihren Ausführungen hatte.

Auch in der muslimischen Welt war das nicht anders. Nahezu alle Gelehrte behandelten in ihren Werken ethisch-moralische Abhandlungen. Sie begründeten ihr Vorgehen aus den Quellen des Islam, denn Sittlichkeit ist auch im Islam ein Hohes Gebot, dem Gläubige nachgehen sollen. Die Wege, wie ein sittlich-ethisches Leben geführt und wie diese, an andere weitergegeben werden können, werden detailliert beschrieben. Da beide Glaubensrichtungen, sowohl das Christentum als auch der Islam zu den monotheistischen Religionen gehören, ist es nicht verwunderlich, dass sie ähnliche ethisch-moralische Vorgaben besitzen. Nicht viel anders ist es auch im Judentum. Die bekannten zehn Gebote gelten nicht um sonst bei allen drei großen Weltreligionen.

Da Ethik ein Ziel für die monotheistischen Religionen darstellt, spiegelt sich dieser auch in den Lehrplänen des Religionsunterrichts wieder. Daher wurde in dieser Arbeit auch der Lehrplan des islamischen Religionsunterrichts näher betrachtet und alle Stellen herausgearbeitet, wo Sittlichkeit, Ethik und Moral vorkommt.

Literaturverzeichnis

Gafarov, A. (2012). *Nasîrüddîn Tûsî'nin Ahlâk Felsefesi.* Ankara: İSAM Yayınları.

Islamische Glaubensgemeinschaft in Österreich (IGGÖ). (2011). *LEHRPLAN für den ISLAMISCHEN RELIGIONSUNTERRICHT an Volksschulen, Hauptschulen, Polytechnischen Schulen, Sonderschulen, Berufsbildenden Mittleren und Höheren Schulen, und an Allgemeinbildenden Höheren Schulen.* Online abrufbar, Seite 1-99: http://www.derislam.at/schulamt/schulamt/dokumente/lehrplan/gesamt_1-99.pdf (Zugriff: 15.04.2018), Seite 100-195: http://www.derislam.at/schulamt/schulamt/dokumente/lehrplan/gesamt_100-195.pdf (Zugriff: 15.04.2018)

Kar, A., & Gafarov, A. (2017). *Bilime Adanmış Ömür Nasîruddîn Tûsî.* Ankara: gece kitaplığı

Kaymakcan, R., & Meydan, H. (2016). *Ahlak Değerler ve Eğitimi* (2. Aufl). İstanbul: dem Yayınları

Kirchner, F. (1907). „Sitte" In: *Kirchner's Wörterbuch der Philosophischen Grundbegriffe* (5. Auflage). Leipzig: Verlag der Dürr'schen Buchhandlung. Online-Ausgabe: https://www.textlog.de/2064.html (Zugriff: 15.04.2018)

Kirchner, F. (1907). „Sittlichkeit" In: *Kirchner's Wörterbuch der Philosophischen Grundbegriffe* (5. Auflage). Leipzig: Verlag der Dürr'schen Buchhandlung. Online-Ausgabe: https://www.textlog.de/2062.html (Zugriff: 15.04.2018)

Kirchner, F. (1907). „Ethik" In: *Kirchner's Wörterbuch der Philosophischen Grundbegriffe* (5. Auflage). Leipzig: Verlag der Dürr'schen Buchhandlung. Online-Ausgabe: https://www.textlog.de/1595.html (Zugriff: 15.04.2018)

Kirchner, F. (1907). „Moral" In: *Kirchner's Wörterbuch der Philosophischen Grundbegriffe* (5. Auflage). Leipzig: Verlag der Dürr'schen Buchhandlung. Online-Ausgabe: https://www.textlog.de/1816.html (Zugriff: 15.04.2018)

Kirchner, F. (1907). „Charakter" In: *Kirchner's Wörterbuch der Philosophischen Grundbegriffe* (5. Auflage). Leipzig: Verlag der Dürr'schen Buchhandlung. Online-Ausgabe: https://www.textlog.de/1009.html (Zugriff: 15.04.2018)

Schleiermacher, F. (1868). Friedrich Schleirmacher's Monologen. In: Philosophische Bibliothek oder Sammlung der Hauptwerke der Philosophie alter und neuer Zeit (6. Bd, Kapitel 3). Berlin: Verlag von L. Heimann. Online-Ausgabe: http://gutenberg.spiegel.de/buch/friedrich-schleiermachers-monologen-2432/3 (Zugriff: 15.04.2018)

Schleiermacher, F. D. E. (1959). Was hat die Erziehung zu leisten, um Ansprüche auf Gültigkeit zu machen? *Theorie der Erziehung:* Die Vorlesungen des Jahres 1826. In: Schleiermacher, F. D. E.: Ausgewählte pädagogische Schriften (S.61-69). Paderborn: Schöningh.

Schleiermacher, F. D. E. (1959). Die Grundfragen einer theoretischen Pädagogik. *Theorie der Erziehung:* Die Vorlesungen des Jahres 1826. In: Schleiermacher, F. D. E.: Ausgewählte pädagogische Schriften (S. 43-51). Paderborn: Schöningh.

Wickens, G. M. (2011). „Aklaq-E Naseri" In: *Encyclopædia Iranica,* I/7, S. 725. Online unter: http://www.iranicaonline.org/articles/aklaq-e-naseri (Zugriff: 15.04.2018)